Todos los libros de Linkgua Ediciones cuentan con modelos de Inteligencia Artificial entrenados por hispanistas. Pregúntale al chat de tu libro lo que desees acerca de la obra o su autor/a.

Para ebooks: Accede a nuestro modelo de IA a través de este enlace.

Para libros impresos: Escanea el código QR de la portada con tu dispositivo móvil.

Obtén análisis detallados de nuestros libros, resúmenes, respuestas a tus preguntas y accede a nuestras ediciones críticas generativas para una experiencia de lectura más enriquecedora.
La transparencia y el respeto hacia la autoría de las fuentes utilizadas son distintivos básicos de nuestro proyecto. Por ello, las respuestas ofrecen, mediante un sistema de citas, las fuentes con las que han sido elaboradas.

Juan Bautista Alberdi

El gigante Amapolas

Barcelona 2024
Linkgua-ediciones.com

Créditos

Título original: El gigante Amapolas.

© 2024, Red ediciones S.L.

e-mail: info@linkgua.com

Diseño de la colección: Michel Mallard.

ISBN rústica ilustrada: 978-84-9007-441-1.
ISBN ebook: 978-84-9897-904-6.

Sumario

Brevísima presentación

La vida

Juan Bautista Alberdi (Tucumán, 1810-París, 1884). Argentina.

Era hijo de un comerciante español y de Josefa Aráoz, de la burguesía tucumana. Su familia apoyó la revolución republicana; Belgrano frecuentaba su casa y Juan Bautista lo consideró un gran militar y un padrino, dedicando numerosas páginas a defender su figura. Esta actitud lo hizo polemizar con Mitre, y ganarse la enemistad de Domingo Faustino Sarmiento.

Alberdi estudió en el Colegio de Ciencias Morales de Buenos Aires y abandonó los estudios en 1824. Por esa época, se interesó por la música. Poco después estudió derecho y en 1840 recibió su diploma de abogado en Montevideo.

Fue autodidacta. Rousseau, Bacon, Buffon, Montesquieu, Kant, Adam Smith, Hamilton y Donoso Cortés influyeron en él. En 1840 marchó a Europa. Volvió en 1843 y se asentó en Valparaíso (Chile) donde ejerció la abogacía. En otro de sus viajes a Europa como diplomático, pretendió evitar que las naciones europeas reconocieran a Buenos Aires como nación independiente y se entrevistó con el emperador Napoleón III, el Papa Pío IX y la reina Victoria de Inglaterra. Mitre y Sarmiento lo odiaron.

Alberdi vivió entonces fuera de Argentina y regresó en 1878, cuando fue nombrado diputado nacional. Había sido diplomático durante catorce años. Las cosas habían cambiado: Sarmiento envió a su secretario personal a recibirle y lo abrazó. Sin embargo, los mitristas impidieron que fuera otra vez nombrado diplomático, en esta ocasión en París. Murió en un suburbio de dicha ciudad el 19 de junio de 1884.

El gigante

El gigante Amapolas es una pieza de teatro político en que se parodia la épica militar instaurada por el tirano Juan Manuel de Rosas en la Argentina del siglo XIX. En algún momento de la obra se confunden «Amapolas» y «Rosas» y se hace evidente la ironía del título. Alberdi reflexiona sobre el ímpetu revolucionario, la exaltación bélica y la ausencia de un marco legal que conduzca a las fuerzas del cambio hacia una salida realista. A lo largo de la obra se enfrentan con suprema ironía dos extraños ejércitos ilusorios que se combaten ignorándose uno a otro y erigiendo símbolos y valores imaginarios que les sirven de identidad.

Peti-pieza cómica en un acto

Dedicada respetuosamente a sus excelencias los señores presidentes y generales Rivera, Bulnes y Ballivián para que conozcan el escollo y se abstengan de caer en él.

Epígrafes por prefacio
—Que me ahorquen si digo que no esté lleno de verdad en el fondo.

—Cansado de hacer concesiones estériles a los hombres públicos, hoy quiero hacerlas a la verdad, que también es princesa del mundo y gusta de homenajes.

—Para reanimar la fe, para alentar a los que desmayan, para abrir esperanzas de victoria y libertad.

—A ver si enseñando a conocer la verdad de las cosas sucedidas, se aprende a despreciar el poder quimérico de la opresión.

El teatro representa un espacio abierto. A la izquierda un gigante de tres varas, con un puñal de hoja de lata, de dimensión enorme, bañado en sangre. Un soldado hace la centinela. Se oye caja que toca alarma.

Centinela

¡Qué largas son las noches! ¡Y qué frías! Digo que es endiablada profesión la del soldado: así pasa uno los más bellos años de su vida, y la recompensa con que por fin de sus días le premia la Patria, es muchas veces, un suplicio ignominioso... Si no me engaño, creo que oigo sonar caja... (Fija el oído.) ¡Si será el enemigo! Ayer ha corrido que los nuestros habían sido derrotados: ¡pero se miente tanto! (Pone atención nuevamente.) O será toque de diana: aunque no... No puede ser. Es temprano todavía: se ve a la luz de la Luna, en el reloj de la casa capitular, que son las cuatro recién. (Se fija otra vez.) ¡Es toque de alarma! (Se pasea.) ¡Vaya!... ¡Fiesta tenemos! Hoy se revuelve el cotarro: sin la menor duda, los nuestros han sido derrotados. ¡Ya se ve!... Lo raro es que todavía estemos con las costillas sanas; somos cuatro gatos, estamos maniatados, tenemos a la cabeza un héroe de paja, ¿qué extraño sería que nos amarrasen a todos?... Con todo, yo todavía espero que hemos de vencer: ¡son tan locos nuestros enemigos! ¿Acaso necesitan de que nadie los derrote? Ellos no más son los autores de sus disparadas. Puede uno ser un gigante de paja, y con solo estarse quieto, vencerlos a cada instante, como v. g... (Haciendo una guiñada al gigante, se aproxima a la caja.) Aquí tenemos al tambor de órdenes; él nos dirá lo que hay... (Sale el tambor, atados los pies y la mano izquierda tocando con la derecha, y andando a saltos.) ¿Quién vive?

Tambor   ¡La patria!

Centinela   ¿Qué gente?

Tambor   ¡Tambor de órdenes!

Centinela   Adelante el tambor de órdenes.

(Una mujer aparece detrás del tambor, despavorida, gritando.)

María   ¡Francisquillo! ¡Francisquillo!

Tambor   ¿Qué hay, mujer? ¿Qué haces por acá a estas horas?

María   ¿Tú no sabes lo que hay?

Tambor   Pues no lo he de saber, cuando yo soy el que lo ando diciendo a todo el mundo con esta caja.

María (Sollozando.) Francisquillo... tus hijitos... tu mujer...

Tambor   ¿Qué es eso, mujer? ¿Estás loca?

| María | No, Francisquillo... (Le agarra los palillos de la caja.) |

| Tambor | Pero deja... déjame tocar, y habla. |

| María | ¡No; cállate un momento, oye! |

| Tambor | Vamos a ver. |

| María | Francisquillo, yo no quiero que tú mueras. |

| Tambor | ¡Esta es buena! ¿Dudas tú de que esos sean mis deseos? ¿Quién te ha dicho que yo pienso morir? |

| María | Sí, tú vas a morir, si no dejas de ser tambor, ahora mismo. |

| Tambor | (Se echa a reír, y sigue tocando.) ¿Estás loca, mujer...? |

| María | No, yo no quiero que tú mueras... |

| Tambor | Yo tampoco quiero morir. |

| María | Pues morirás, porque la pelea va a ser horrorosa... Yo he visto el número de los enemigos... Son muchos más que el pasto de los campos... Los van a devorar a ustedes; (sollozando) y tú vas a morir miserablemente, y yo de cuarenta años recién, voy a quedar viuda... y tus hijitos, ¡pobrecillos!... van a quedar huérfanos... ¡Ídolos de mi alma! En el momento en que estaban tan |

adelantados en la caja!... ¿Quién les enseñará a tocar en adelante?

Tambor   ¿Dices que has visto el número de los enemigos?

María   Sí, con estos ojos.

Tambor   ¿Dónde y cómo?

María   En la quinta de mi tía, ayer a la tarde, los he visto formados, soy capaz de decirte hasta quién los manda, y cómo se compone el ejército.

Tambor   Ya, mujer de un soldado, debes saber todo eso. Vamos a ver: dime quiénes son los jefes y cómo se compone el ejército.

María   Mira, los jefes son tres: el capitán Mosquito, el teniente Guitarra, y el mayor Mentirola.

Tambor   ¡Cáspita! ¿Esos son los jefes? ¿Estás cierta?

María   Por esta cruz... ¡y vieses qué terrible aspecto el del capitán Mosquito!... ¡y la cara de Mentirola!...

Tambor   ¡Y dónde dejas al teniente Guitarra!...

María   ¡Es verdad! ¡El teniente Guitarra!... ¡Dios mío!

Tambor   ¿Y las divisiones?

María   Las divisiones, son tres; cada jefe manda una división.

Tambor   Y el general, ¿quién es?

María   No hay general.

Tambor   Mujer... ¿Cómo puede ser eso?

María   No hay general, porque ninguno quiere ser subalterno, y han convenido en que todos deben ser iguales.

Tambor   ¿De modo que todo el ejército se compone de la división Mosquito, de la división Guitarra, y de la división Mentirola?

María   ¿Y te parece poco, Francisquillo?

Tambor   ¿Y qué señales los distinguen?

María   Mira, cuando veas una división vestida de amarillo, di que has visto a la división Mosquito; la división Guitarra, viene de verde, y la división Mentirola, de turquí.

Tambor   ¿Y tienen cañones?

María   Tres, por falta de uno.

Tambor   ¿En qué división viene la artillería?

María   En todas. Cada división trae su artillería corres-
               pondiente.

Tambor   ¿Qué bandera traen?

María   También traen tres.

Tambor   Cada división una bandera, ¿no es esto?

María   Eso es: y traen tres escarapelas, y tres divisas,
               y tres causas se puede decir. De modo que en
               lugar de ser un solo ejército como son ustedes,
               se puede decir que son tres ejércitos enteros y
               verdaderos... tan independientes unos de otros,
               que muchas veces se han dado hasta de balazos
               entre sí.

Tambor   ¡Bravo!

(Suenan tiros y cornetas en la dirección del campo enemigo.)

María   ¿Lo ves? ¡Ya están encima! (Sollozando.) Trae
               esos palos. (Le arrebata los palillos.) Yo no
               quiero que tú mueras; tira esa caja al diablo, y
               mándate mudar a tu casa a cuidar a tus hijos...

(Se retira.)

Tambor   ¡Mujer del diablo! ¡Trae esos palillos!

María   No quiero; tira la caja y vente a casa.

| Tambor | ¡Mira que el enemigo está encima y nos toma de sorpresa! |

| María | No quiero; yo no me he de quedar sin marido. |

| Tambor | ¡Mujer descabellada! ¿Sabes lo que haces? |

| María | Sí, sé lo que hago. |

| Tambor | Tú pierdes al país llevándote esos palos! |

| María | ¡Que se pierda! |

| Tambor | Los destinos de la patria dependen de esos palos. |

| María | No importa; tira la caja, y vente a tu casa... |

(Vase.)

| Tambor | ¡Lucidos estamos ahora! Si digo que todas las mujeres son destornilladas... |

(Nuevos tiros. Entra el oficial de guardia; los pies atados, andando a saltos, y los brazos atados por los codos.)

| Oficial | ¡Centinela! ¡Cabo de guardia! ¡Sargento! ¡A las armas! |

| Centinela | ¡Los de guardia! ¡A las armas! |

| Oficial | ¡Tambor, toque usted alarma! |

Tambor	Capitán, estoy sin palillos.
Oficial	¡Voto a Dios! ¿Y los palillos?
Tambor	Capitán, una bala de cañón me los acaba de quitar de las manos.
Oficial	¡Hombre! Si no han tirado cañonazos hasta ahora.
Tambor	Eso le parece a usted: es que traen cañones de aire; por más señas la bala era de a veinticuatro.
Oficial	¡Cáspita! De a veinticuatro, ¿eh?
Tambor	¡Digo!

(Los soldados aparecen saltando; los pies atados, y los brazos atados por los codos; se forma la guardia.)

Oficial	Soldados, voy a proclamaros.
Soldado	Que nos desaten primero los pies y brazos.
Oficial	Para oír proclamas no se necesita de brazos ni pies.
Soldado	Es que los necesitamos para pelear.
Oficial	Tampoco se necesita pelear...
Soldados	¡Cómo!...

Oficial   Los enemigos no tienen necesidad de que us-
                 tedes los derroten; ellos mismos se toman ese
                 trabajo; y ustedes nada tienen que hacer, para
                 vencer, sino dejarse estar sin acción; con que así,
                 todo el mundo quieto, y atención: «Hijos de la
                 libertad, hombres que jamás habéis conocido
                 cadenas ni ataduras...».

Soldado   Capitán, creo que usted se equivoca, porque
                 todos estamos... no diré atados... pero...

Oficial   ¡Fuera el insolente! ¡Atrevido! ¡Calumniador!
                 ¡Fuera de la línea! ¡Por traidor infame a la pa-
                 tria! ¡Por enemigo de las libertades públicas!
                 (Vase el soldado saltando. Gran pausa de si-
                 lencio.) «¡Hijos de la libertad! Hombres que no
                 habéis conocido cadenas...» (Hace una pausa y
                 mira a la cara a los soldados.) ... ¿Qué tal, sol-
                 dados? ¿Me equivoco o hablo la verdad?

Soldado   La verdad, capitán. Siga, siga...

Oficial   Los enemigos de vuestras libertades están al
                 frente; dentro de una hora habrán cruzado sus
                 armas serviles con vuestras bayonetas altaneras:
                 envidiosos de vuestra libertad y gloria, vienen
                 a cargaros de cadenas. Enseñadles a conocer lo
                 que valen los libres; pereced en el campo, antes
                 que fiar vuestros brazos gloriosos a la opresión
                 de sus bárbaras cadenas. El Gigante os guiará a
                 la victoria... Imitad sus fatigas; haced lo que él

hace y saldréis vencedores. Permaneced inmóviles como él, y triunfaréis sin duda por el generoso comedimiento de nuestros adversarios, que nunca dan que hacer a sus enemigos. ¡Soldados! ¡Viva el glorioso Gigante!

Soldados   ¡Viva!

Oficial   ¡Viva la libertad!

Soldados   ¡Viva!

(Se oyen los toques de marcha del enemigo, que aparece.)

Oficial   Ahí los tenéis, soldados. Os recomiendo de nuevo la inmovilidad más completa, aprended del Gigante, que asusta a todo el mundo por el hecho solo de no hacer nada; nuestras armas son nuestras ataduras. Si queréis ser vencedores no deis un paso; los enemigos dicen que estáis muertos. ¡Pues bien! Estaos como cadáveres y vuestro aspecto los hará temblar: correrán como niños...

(Aparecen las divisiones enemigas en tres grupos: los tres jefes se reúnen aparte.)

Mosquito   Señores: la batalla va a comenzar, y es necesario elegir un jefe para que la presida.

Guitarra y Mentirola ¡Nada más natural!

Mosquito   ¡Pues bien! ¡Vamos a elegir!

Guitarra y Mentirola Bien; vamos a elegir.

(Cada uno da un paso aparte, a un mismo tiempo.)

Mosquito   La elección me lo llevo yo, sin duda, como más antiguo, y más guerrero.

Guitarra   ¿Quién puede ser electo sino yo?

Mentirola   Ninguno de estos es capaz de mandar una compañía; si no me eligen a mí se pierde la batalla, y se pierde el país.

(Se reúnen.)

Mosquito   Vaya pues, procedan ustedes a elegir. Empiece usted, teniente Guitarra.

Guitarra   No, no, empiece usted.

Mosquito   Vaya, que dé principio el mayor Mentirola.

Mentirola   Bien, yo daré principio. Nombro para general en jefe, durante la acción...

Mosquito   (Interrumpiéndolo.)
Ya sabe usted, permita que lo interrumpa, ya sabe usted, mayor Mentirola, como hombre versado en el arte militar, que el general en jefe debe tener un aspecto imponente (tirándose de

los bigotes y afeando el rostro), una estatura pequeñita, para que se parezca a Napoleón... un nombre retumbante, y temible, verbigracia, como el de algún insecto punzante... En fin, ¿qué tengo que decir a usted?... siga usted... siga usted...

Mentirola   Pues señor, nombro por mi parte para general en jefe, al teniente Guitarra.

Mosquito (Aparte.)   Vamos, esto es animosidad... ¡Mire usted! ... ¡El teniente Guitarra primero que a mí!... Ya comprendo... comprendo la pulla... pero yo me vengaré... Sí, sí... yo me vengaré... Veremos qué hacen sin mi apoyo...

Guitarra   Y yo por la mía al mayor Mentirola.

Mosquito (Aparte.)   ¡Qué han de hacer los compadres, sino darse mutuamente la palma! (En alta voz.) Pues señor, yo por la mía no nombro a nadie... (en tono irritadísimo) no quiero batallas, ni victorias, ni nada, y me mando a mudar a mi casa. (Se pone al frente de la columna.) ¡División! ¡Vueltas caras, paso redoblado, marchen!...

(Empieza a marchar.)

Guitarra y Mentirola   Pero, capitán Mosquito, ¿qué es lo que usted hace?

| Mosquito | Nada, no quiero nada. Me voy; no quiero intrigas ni parcialidades. |

(Vase con su división a son de trompeta.)

| Guitarra | Vaya, pues ¿qué remedio hay sobre el particular?... Quiere decir que ahora quedamos los dos de generales en jefe; porque usted me ha elegido a mí y yo a usted. |

| Mentirola | Pero eso no puede ser: porque se cruzarán nuestras órdenes y nos serviremos de mutuo estorbo. |

| Guitarra | ¿Qué hacemos entonces? |

| Mentirola | Bien, hagamos esto: durará la batalla un par de horas, ¿no es verdad? |

| Guitarra | Así me parece. |

| Mentirola | ¡Pues bien! Mande usted en jefe la primera hora, y yo la segunda; entre los dos firmaremos el boletín de la victoria y partiremos los laureles como buenos hermanos. |

| Guitarra | ¡Corriente! ¡Muy bien! ¡Me gusta! Pues señor, manos a la obra. |

(Sacan las espadas.)

| Mentirola | Teniente Guitarra: en uso de mis facultades de general en jefe, le nombro a usted ayudante de |

órdenes, durante la hora de mi mando... y desde luego participe usted mis órdenes a la división Guitarra para que se coloque a vanguardia.

Guitarra   ¿A retaguardia, dijo Vuestra Excelencia?

Mentirola   No, a vanguardia.

Guitarra   ¿Pero qué necesidad hay de que marchen una tras otra? ¿Por qué no las dos de frente?

Mentirola   Haga usted lo que le mando, o lo separo del ejército.

Guitarra   ¿A mí?

Mentirola   A usted.

Guitarra   ¡A mí! ¡Al jefe de la división Guitarra!

Mentirola   ¡A usted, a usted, aunque sea el jefe de la división serpentón o clarinete!

Guitarra (Aparte.)   Sí, comprendo bien que sus intenciones son las de separarme del ejército, y bastante me lo prueba el hecho de mandar que mi división se coloque adelante para que se la devore el cañón: ¡y de este modo el teniente Guitarra venga a quedarse sin gente, sin papel en el mundo político!... Pero se engaña, porque yo no estoy para ser el juguete de ningún intrigante, y yo soy muy capaz de mandarme mudar... (Con indignación

repentina.) ¡Como me voy desde ahora, qué ca-
ramba! Venga lo que venga: no quiero batallas,
ni glorias, ni nada... ¡Me voy!...

(Se pone al frente de su división: ordena la retirada y al son
de la marcha que bate el enemigo como por burla y escarnio,
se retira.)

Mentirola

(Dirigiéndose a sus soldados)
¡Tanto mejor para vosotros, soldados! Felicitaos
de esta traición inaudita: nuestra y puramente
nuestra será la gloria de vencer al canalla Gigante. La división Mentirola será la única que
recoja los laureles del triunfo más espléndido
que hayan visto los siglos. Vamos pues a pelear
con doble audacia y doble gloria. Pero antes
quiero proclamaros: «Soldados: Desde lo alto
de estos tejados, treinta meses os están contem-
plando; el último de ellos se ha helado de miedo
al veros las caras: y el Sol de mañana no saldrá
por no morir de envidia al ver el brillo de vuestras armas. Los siglos pasarán unos tras otros,
como hormigas, y los guerreros de la posteridad
dirán: ¡Ah! ¡Quién hubiese pertenecido a la división Mentirola, en la jornada memorable contra
el Gigante Amapolas!». ¡Ea! Formarse en hi-
leras de fondo, para que si el Gigante nos hace
un corte seis con su sable, no caiga más cabeza
que la del que va adelante.

(Se forman, pero nadie quiere quedar el primero de adelante.)

Mentirola	¿Qué es eso, señores, qué desorden es ése?
Soldado	Señor, es que nadie quiere que le corten la cabeza.
Mentirola	Ya se ve que tienen razón; yo hallo razón a todo el que no quiere morir, y por eso soy enemigo de exponer a los soldados a riesgo de que los maten. Pero eso se remedia fácilmente. Que el soldado que esté a la cabeza, tome una caña bien larga, y colocándose a una distancia conveniente, y tocando suavemente al Gigante con el extremo de ella, examine qué demostraciones hace de vida. A ver si de este modo podemos descubrir su plan de defensa. (El soldado toma una caña.) Para esto yo me colocaré a retaguardia, bien lejos, como general que soy, y con mi anteojo de larga vista observaré los movimientos del enemigo. (Buscando un punto donde colocarse.) ¡Ah! ¡Si hubiera aquí por accidente alguna carreta!

(Se coloca a lo lejos y tiende el anteojo. El soldado comienza el examen. Toca ligeramente al Gigante.)

Mentirola	¿Qué tal? ¿Qué movimientos hace?
Soldado	Ninguno, señor, inmóvil como si fuese de palo.
Mentirola	¡Malo, malísimo!
Soldado	¿Cómo, malo, general? ¡Excelente! Eso prueba que está dormido y que debemos atacar.

Mentirola   Todo lo contrario... eso prueba que debemos huir... ¡No es nada el síntoma!... ¿Con que inmóvil, eh?

Soldado   Como un cadáver, general.

Mentirola (Dándose un golpe en la cabeza)
              ¡Estrella fatal!... ¡Estamos perdidos!... A ver, hombre de Dios, a ver, tóquele usted un poco más recio.

Soldado (Lo toca.)   Como un tronco... Yo sería capaz de apostar a que este Gigante que tanto miedo nos mete es de palo.

(Los soldados del Gigante se mueren de risa. Uno de ellos dice:)

Soldado del Gigante   ¡Ya veo que nuestro comandante conocía bien a los mochuelos con quienes las habemos!

Mentirola   División Mentirola, vueltas caras, y en retirada precipitada, ¡marchen! (Retíranse con precipitación a cierta distancia.) Soldados: yo debo ser leal a vuestro noble coraje, yo debo hablaros la verdad: la situación es grave, y yo no puedo decidirme a ejecutar una operación decisiva, sin oír antes el voto del ejército, en un consejo de jefes y oficiales.

Tropa   Sí, sí, que se forme un consejo.

Mentirola	¡Que se forme!... ¿Pero con qué oficiales y jefes le formaremos?... ¡Aquí no hay más jefe ni oficial que yo...! ¡A no ser que yo solo me declare en consejo!
Tropa	¡Y por qué no! Forme Vuestra Excelencia un consejo de Vuestra Excelencia mismo y decida a mayoría de votos.
Mentirola	No habrá otro remedio. Pues señor. (Con tono solemne.) está formado el consejo y puede empezar la discusión. (Queda pensativo, y después de un rato, dice:) Pero estoy tan acostumbrado a discutir en consejo con mis compañeros Mosquito y Guitarra, que yo por mí solo no puedo discurrir nada... No se me ocurre una sola idea y no sé qué consejo darme a mí mismo... Pero se me viene al pensamiento un medio de salir del aprieto... Voy a figurarme que están aquí mis compañeros Guitarra y Mosquito. Que el uno está parado ahí, el otro allá y yo aquí. Voy a representar a cada uno de ellos en el consejo: a hablar por cada uno de ellos como si estuviesen presentes; y así podremos tener opiniones diferentes y luminosas, porque seremos tres vocales en vez de uno. Principiaré a hablar por mí: «Señores: soy de opinión que debemos retroceder precipitadamente por la razón de que el enemigo no hace nada y nos espera inmóvil: razón clara y palpable por sí misma, que no necesita dilucidarse, porque, señores, la cosa es bien ter-

minante: ¿qué quiere decir esta inmovilidad del enemigo? Quiere decir que está fuerte como un diablo y que nosotros estamos perdidos. ¡Y yo pregunto ahora si el que está perdido tiene otra cosa que hacer, que tomar las de Villa Diego, antes que lo amarren y lo cuelguen! Tal es mi opinión, señores del Consejo. Puede, ahora, emitir la suya el teniente Guitarra, que sigue a mi derecha». Paso a hablar por el teniente Guitarra. (Toma su lugar y habla así:) «Señores: ilustrando este punto, de una importancia decisiva para la vida de la patria, diré que cuando el señor General en Jefe, dice que debemos retroceder precipitadamente, es porque el señor General debe haber pensado bien lo que dice — cada uno sabe bien dónde le aprieta el zapato—; el maestro sabe lo que hace, y donde hable el sabio, calle el borrico y en resumidas cuentas, cada uno es dueño de hacer de su capa un sayo. Al General se le ha dado el ejército y es suyo: dejemos que haga lo que quiera: dejémonos de discusiones anárquicas y hagamos lo que él manda; ésta es la opinión del ejército, y a fe que es la opinión acertada: porque, al fin, el general es general y no es el tambor el que ha de responder de la suerte del ejército. Tal es mi parecer. Puede ahora dar el suyo el capitán Mosquito, que sigue a mi derecha». (Hablemos ahora por el capitán Mosquito.) (Toma el lugar y el tono de éste.) «Señores: no callaré mi opinión en una cuestión en que se trata de la vida del país. Creo que las opiniones de los que me han precedido en la palabra, son mortales a la causa de la libertad: yo creo, pues, que lejos de retroceder con celeridad, debemos atropellar como el relámpago, por la sencilla razón de que el enemigo nos espera sin acción ni movimiento, en lo cual se descubre su debilidad.» (Ahora en su nombre y por sí, desde su lugar.) Señor capitán Mosquito, ¿quiere usted que le diga la razón por qué usted se produce así? ¿Lo sabe usted? Usted habla así porque nos ha visto opinar de un modo diferente al teniente Guitarra y a mí, y usted no nos quiere ni a uno ni a otro. Por lo demás, usted es un miedoso como uno de tantos, y la vez pasada fue el primero a mandarse mudar, dejando colgados a sus compañeros de armas. (Por Mosquito.) Se equivoca usted. (Por él.) No me equivoco yo. Es usted quien se engaña en creer que nos hemos de hacer matar, como locos, por salvar a gentes que sabe Dios si lo sabrían agradecer. (Por Mosquito.) Ese es un terror estúpido. (Por él.) Estúpido es el muy canalla de Mosquito. (Por Mosquito.) Canalla es el muy cobarde de Mentirola. (Por él.) ¡Vaya usted a un cuerno! (Por Mosquito.) ¡Vaya usted a dos! (Por él, alzando el tono.) ¡Vaya usted a tres! (Por Mosquito.) ¡Vaya usted a cuatro! (Por él.) ¡Vaya usted a cien! (Mudando de tono.) Y, sobre todo, ¿a qué cansarme en dar gritos? La votación está ganada, somos dos contra uno, y debemos votar a la opinión que aconseja la retirada. ¿No es así, teniente Guitarra? (Por éste.) Sí señor. Pues señores: está concluido el consejo.

(A los soldados.) Camaradas: el consejo ha pronunciado su fallo: él es respetable y sabio, y soy de opinión que le sigamos sin examen, y con la prontitud que demanda el caso. Su opinión es que debemos retirarnos. Así pues: ¡Al hombro, armas, contramarcha a la derecha, paso redoblado, marchen!

(Retíranse precipitadamente a son de caja y corneta. La fila del Gigante se deshace en carcajadas de risa.)

Oficial y Soldados   ¡Viva la Patria!

Todos   ¡Viva!

Oficial   Hemos triunfado espléndidamente. ¡Viva la libertad!

Todos   ¡Viva!

Tambor   ¡Qué, no tener mis palillos, voto a Dios! Para tocar diana hasta morirme...

Oficial   Los cobardes enemigos han sucumbido ignominiosamente al poder de nuestras bayonetas, y al valor y talentos del Gigante. Sin nuestro coraje nada habríamos conseguido en esta jornada inmortal. Sin la perseverancia y sublime talento del Gigante hubiéramos sido aniquilados para siempre. Os habéis mostrado dignos de nuestros heroicos padres. Merecéis las libertades que acabáis de rescatar con vuestros brazos, en el campo de batalla. ¡Y la Patria debe altares, y la posteridad aplausos eternos al grande hombre, que nos ha conducido a la adquisición de tan inmarcesibles y gloriosos laureles! El enemigo ha sido osado y tenaz en la pelea; pero vosotros habéis excedido en pertinacia a las rocas del mar; y a vuestra indisputable superioridad es debida la victoria, y más que todo al delicado tino, sublime tacto, a la profunda ciencia y prodigioso valor del Gigante Amapolas, sin los cuales atributos hubiéramos sido víctimas de la audacia y habilidad del enemigo. Soldados: ¡viva el Gigante Amapolas!

Todos   ¡Viva!

Oficial   ¡Mueran los detractores de su genio inmortal!

Todos   ¡Mueran!

(Oyese a lo lejos músicas y vivas al Gigante Amapolas, que nos ha libertado de la esclavitud.)

Oficial   Van seis veces, con ésta, que el enemigo ha tenido la temeridad de acometeros, y otras tantas ha palpado, a costa de su sangre y de su vergüenza, su completa incapacidad de competir con vuestro sublime denuedo. Con el mismo valor con que le habéis desbaratado en este día, le habéis enseñado siempre a respetar a los bravos que pelean por sus santas libertades y sus sagrados derechos. No esperéis que vuelva jamás: lleva en su espalda la afrenta que siete veces han estampado vuestras bayonetas; y el monumento levantado por vuestro valor, será eterno como la gloria del Gigante, fuerte como su voluntad y grande como su alma. ¡Dejad las armas, que habéis empleado en este día con tanto coraje, y entregaos alegres y ufanos, al goce de vuestras libertades, que habéis salvado para siempre de las insidias de un pérfido enemigo!

(Dejan las armas, se dispersan. Entra corriendo María, la mujer del tambor.)

María   ¡Francisquillo de mi alma! ¡Toma, toma tus palillos; tienes razón de ser tambor!

Tambor   Trae, trae aquí mis palillos, ¡calavera!

María   ¡No hay gloria en el mundo como la del tambor!

Tambor   (Envanecido.)
                 ¡Ven, ven acá, pichoncita; dame un abrazo!

María   Sí, lucero mío, no digo un abrazo...

Tambor   No, basta por ahora.

(Toca diana. Movimiento general. Luego calla.)

María

Pero, ¿cómo han conseguido ustedes un triunfo tan completo? ¡Ustedes tan poquillos, y ellos tan muchos, tan muchos!

Tambor

¡Hola! ¿Con que crees en el triunfo, por lo visto?

María

Pues no lo he de creer, cuando los acabo de ver que corren tragándose los aires, como si ustedes se los quisieran devorar.

Tambor

Pues señor: todo eso se debe a nuestro valor.

María

Todo, ¿eh?

Tambor

Todo.

María

¿Y tú también has peleado mucho?

Tambor

¡Bah! ¿Y qué menos?

María

¿Y los demás?

Tambor

Como unos leones.

María

¿Y el Gigante Amapolas?

Tambor

Más que todos. ¿Quién sino él es el que lo ha hecho todo? ¡Oh! ¡El Gigante!

María

¿Y por qué no hay muertos en el campo?

Tambor

Porque el mismo miedo los ha hecho revivir y salir disparando.

María

Dices bien. Esos serían los que iban corriendo por detrás, con las cabezas debajo del brazo, ¿no?

Tambor

Esos. Dime, chica: tú que vienes de esa dirección, ¿sabes de qué procede esa gritería, cuyo ruido se oye hasta aquí?

María

Es la ciudad, que está loca de alegría, con la noticia del triunfo del Gigante Amapolas. ¿Te parece poco, Francisquillo, lo que lleva hecho el Gigante hasta aquí? ¡Derrotar siete ejércitos, él solo! ¡Pelear doce años seguidos y salir siempre vencedor! ¡Tener diez enemigos y triunfar de todos! ¡Dar veinte batallas, tan reñidas como la de hoy, y salir victorioso en todas ellas! Todo esto ¿qué quiere decir Francisquillo? Quiere decir que el Gigante Amapolas es un prodigio de talento y valor; y que donde quiera que aparecen sus enemigos, los destroza y disipa a fuerza de habilidad y coraje, como ha sucedido esta vez; ¿no es así, Francisquillo? ¿No quiere decir esto?

Tambor

Digo. Las cosas están a la vista, no son materia de cuestión.

María

Qué extraño es, pues, que el pueblo le tribute todas esas demostraciones de asombro. Mira, cuando yo venía, los Diputados del cuerpo legislativo, corrían a reunirse para decretar coronas y monumentos en honor del Gigante Amapolas. Las mujeres se ocupaban de tejer guirnaldas de flores; los poetas hacían versos; los músicos canciones en elogio del triunfo debido al genio del Gigante Amapolas. Los agentes diplomáticos de los países extranjeros eran los primeros que venían, con la boca abierta de admiración por el talento sublime con que el Gigante había sabido vencer a sus enemigos; y se disponía a recibirlo con la rodilla en tierra, o de hinojos, como dicen los añejos románticos. Por todas partes no se oye más que: -El Gigante Amapolas es un semi-Dios. El Gigante Amapolas es el genio de la política y de la guerra. El Gigante Amapolas es el valor, el atrevimiento mismo. Hay extranjero que daría sus ojos por conocer al Gigante Amapolas, tanto es el respeto y la admiración que le tienen. Ya se ve: los extranjeros como hombres ilustrados e imparciales, son los mejores apreciadores de la capacidad de nuestros grandes hombres. Por eso hay francés que se reputaría dichoso si poseyese un botón de la casaca del Gigante Rosas.

Tambor

Amapolas, di.

María

No, hijo, lo hice por variar; tanto Amapolas, Amapolas...

Tambor   Bien, si es por variar, di más bien del Gigante Floripondios; pero del Gigante Rosas, no hay que hablar una palabra... sigue ahora.

María   Bien, seguiré... ¿por dónde iba?

Tambor   Por eso hay francés...

María   Ah, ya sé... Por eso hay francés que se reputaría dichoso si poseyese un botón de la casaca del Gigante Rosas.

Tambor   Vuelta Rosas...

María   ¡Ah! Tulipanes...

Tambor   Amapolas, mujer...

María   Es verdad, Amapolas.

Tambor   Vaya, vuelve.

María   Por eso hay francés que se reputaría dichoso si poseyese un botón de la casaca del Gigante Amapolas; y los ingleses darían la Irlanda a trueque de que el Gigante perteneciese al Parlamento de Inglaterra. ¿No ves, no ves el gentío que cubre estas cercanías? Todo el mundo acude a tomar una idea del campo donde ha sido la batalla y a conocer la figura del Gigante Amapolas.

Tambor   Y tú debes saber que esta jornada ha sido la menos célebre. Por fin, esta vez los enemigos han tenido el coraje de cruzar sus armas con las nuestras: esta vez se puede decir que hemos peleado. ¿Pero, en las otras batallas? En las otras batallas los hemos vencido estando nosotros aquí, y ellos a cinco leguas de distancia: los hemos derrotado sin verlos a la cara siquiera.

María   ¿Cómo así, Francisquito?

Tambor   Lo que tú oyes: sin verlos a la cara y sin vernos ellos a nosotros; a distancia de seis leguas unos de otros. ¡Hemos peleado por dos días, los hemos puesto al fin en la más vergonzosa fuga!

María   ¡Qué prodigio, gran Dios! ¿Y tú también has peleado en esas batallas, lo mismo que en ésta?

Tambor   ¡Lo mismo, pues!

María   De modo ¿que tú también eres de los invencibles, y vas a ser coronado con flores, y premiado con terrenos y ganados, y festejado?

Tambor   Digo, si he trabajado como uno de tantos...

María   Cómo te quiero Francisquillo. Ahora sería capaz de dar mi vida por ti. ¡Me gusta tanto un grande hombre tambor!

(Disparada de gente a lo lejos.)

Tambor

Vete, vete María…

María

¿Para qué, Francisquillo, por qué?

Tambor

¡Vete, te digo!

María

¿Qué hay, por Dios, qué hay?

Tambor

El enemigo se ha rehecho y está sobre nosotros; voy a tocar a generosa: ¡huye!

María

¿Pero, no me decías ahora mismo que había sido acuchillado y deshecho para siempre?

Tambor

Sí, pero también los gatos tienen siete vidas, si no es más que eso; y los enemigos son peores que los gatos, peores que las hormigas… Se les derrota, se les acuchilla, y siempre están vivos… Vienen, se les asusta, corren; vuelven a venir y vuelven a correr: así va la guerra, y así ha de ir siempre. Ni ellos son capaces de concluirnos, ni nosotros a ellos… hasta que… pero, quién diablos sabe… hasta que nosotros dejemos de ser asnos y ellos gallinas…

María

¿Luego, no hay riesgo de que mueras esta vez, ni nunca?

Tambor

Por descontado: ¡huye!

María

¿Y para qué me echas, si no hay riesgo?

Tambor	Bien, quédate.

María	¿Las mujeres no pueden concurrir a las batallas?

Tambor	¿A estas batallas, a las batallas del Gigante? Sí; pueden asistir, no digo las mujeres, los niños también y los enfermos, los cojos y mancos... Para lo que se hace en ellas... Todo el trabajo consiste en estar quietos... Aquí todo lo hace el enemigo... Mira, ahora le ves venir en triunfo; pues dentro de un rato, lo verás en retirada... El mismo se proclama vencedor y derrotado...

(Cajas, cornetas: el enemigo avanza, compuesto de las tres divisiones conocidas.)

María	¡Ahí están; ahí están! (Llorosa y asustada.) Huyamos, Francisquillo: tú te engañas, tú vas a morir; ¿qué haremos los dos solos? ¿Qué podremos hacer? (Le toma del brazo.) ¡Ven acá, huyamos; ven conmigo!

(Continúan asomando las bayonetas enemigas; pero no pasan adelante. Suena toque de ataque.)

Tambor	¡No, no, ven acá cobarde! Entre los dos vamos a dar la batalla y la vamos a ganar.

María	¡Tú estás loco!

Tambor   No, no estoy: quédate. Vamos a componer el ejército entre los dos. El Gigante es el general en jefe. Yo soy la vanguardia; tú eres el cuerpo de reserva. Yo me coloco detrás del Gigante, y toco a la carga, a la carga, sin cesar. Tú tomas un fusil y te pones a dar vueltas y revueltas en derredor del tronco de ese árbol, para hacer creer al enemigo que nuestro ejército va desfilando, hombre por hombre.

María   O mujer por mujer.

Tambor   Sí, sí. En nuestro ejército no se distingue sexo.

María   Pues bien, a la obra.

(Colócanse según el orden indicado. El enemigo avanza y se forma en línea de batalla. Los tres jefes enemigos se reúnen aparte. Sacan sus anteojos, y echan su visual al campo adversario.)

Soldado   ¡Los hemos sorprendido completamente! El Gigante está solo. Yo soy de sobra para concluir con el enemigo. Destruido el Gigante Amapolas, no hay enemigo que se tenga.

Mosquito   Calle el mentecato, que no sabe lo que dice. Usted habla así porque no ve nada: a la simple vista ¿qué ha de ver?

Soldado   ¡Pues no he de ver, señor, si estamos a un paso! No hay más que un tambor y un soldado, que parece mujer, que da vueltas al derredor de un árbol.

Mosquito

¿Querrá usted ver mejor que nosotros que tenemos anteojos?

Soldado

Bien, capitán, será lo que usted dice: pero yo veo lo que yo digo.

Mosquito

¡No ve usted eso!

Soldado

Lo veo, capitán.

Mosquito

No ve nada, el insolente; y si no calla la boca y deja de propagar especies alarmantes, lo he de...

Guitarra

¿Qué ve usted, capitán Mosquito?

Mosquito

(Echando el anteojo.)
Yo veo sesenta piezas de artillería, a la derecha.

Guitarra

¿Qué calibres?

Mosquito

Veinte de a ocho, y cuarenta de a treinta y seis. ¿Y usted qué ve?

Guitarra

Yo veo treinta escuadrones de caballería. Y usted mayor Mentirola, ¿qué distingue?

Mentirola

Yo distingo como ocho mil infantes situados hacia la izquierda del campo enemigo.

Mosquito	Y esa caja que suena, ¿a qué fuerza pertenece?
Mentirola	A una fuerte guerrilla, que está desfilando hace dos horas por delante de un árbol inmediato al Gigante.
Mosquito	Malo. Ya veo que el Gigante es un coloso en fuerzas y que es un disparate aventurar un encuentro con medios tan desiguales.
Guitarra	Yo creo lo mismo. Yo creo que vamos a ser despedazados al primer encuentro.
Mentirola	Para pelear así vale más no pelear. ¿Qué necesidad hay de aventurar la suerte de la empresa que se ha confiado a nuestra prudencia? ¿Hay que diferir el combate para mejor oportunidad? ¿Quién nos corre? ¿Quién nos obliga a pelear? ¿No tenemos franca la retirada, gracias a Dios, y somos muy dueños de retirarnos cuantas veces nos dé la gana?
Mosquito	Ya se ve que sí.
Mentirola	¡Pues entonces!
Guitarra	Entonces, lo que debemos hacer, es ponernos en retirada, pero ha de ser sobre la marcha, antes que el enemigo destaque fuerzas que nos corten la vuelta, y tengamos que perecer en un combate obligatorio.

| Mentirola | ¡A ello!... |

| Mosquito | ¡A ello!... |

(Mientras ha tenido lugar este diálogo, la tropa ha acordado y decidido un motín, por el que ha sido puesto a la cabeza del ejército un sargento.)

| Mosquito | ¡División! |

| Mentirola | ¡División! |

| Guitarra | ¿Qué hay, señores, qué hay? |

| Mosquito | ¡Contramarcha a la derecha! |

| Sargento | No hay contramarcha a ninguna parte. Nosotros queremos batirnos y no contramarchar. Para pelear, les reconocemos por jefes; para disparar, no: no queremos obedecer a ningún mandato medroso. Bastantes veces, hemos huido inútilmente. Por nuestras disparadas locas y cobardes, se han arruinado fortunas cuantiosas, se han perdido años preciosos, oportunidades que tal vez no vuelvan, vidas que tenían porvenir, poblaciones enteras de hombres. Estamos espantándonos de fantasmas: no hay tales sesenta piezas, ni ocho mil infantes, ni treinta escuadrones. Esas fuerzas solo existen en la imaginación miedosa de ustedes: lo que hay al frente es un héroe de papel, mujeres en vez de |

soldados, perros rabiosos en vez de leones, y hombres atados de pies y manos. No somos vencedores, porque no queremos serlo. Ataquemos con coraje el campo enemigo, y será nuestro en menos tiempo que lo que tarda en bajar el rayo. Así, señores jefes: si ustedes quieren guiarnos al combate, estamos prontos; si quieren retirada, ustedes han caducado, ya no son nuestros jefes; pueden retirarse solos. Aquí no hay más jefe que yo, simple sargento, hecho general por la voluntad del ejército, que me ha honrado con la comisión de intimar a ustedes la decisión que acaban de oír. Pueden ustedes decir lo que determinan. Todavía tienen el tiempo de un minuto para volver por su reputación.

Mosquito En presencia de un motín de soldados, nada tenemos que hacer nosotros, jefes. Hemos cumplido nuestra misión y nos retiramos.

(Envainan sus espadas y se retiran silenciosos.)

Sargento Muy en hora buena. Pásenlo ustedes lo mejor que puedan, entre los patriotas a quienes han sacrificado, o entre los extranjeros a quienes han dado que reír. ¡Soldados! Nuestro camino es sencillo y corto: a seis pasos de nosotros está la tumba honrosa del valiente o la vida sin igual del vencedor. Calar bayonetas, abrir bien los ojos, seguir mi penacho blanco y en menos de pocos segundos habrá desaparecido del suelo de la patria ese miserable fantasmón que ha triun-

fado hasta aquí por la incapacidad de nuestros
jefes. ¡Soldados, paso de vencedores!

(Cargan rapidísimamente. El sargento abraza por la mitad
del cuerpo al Gigante; lo levanta, lo pone de cabeza, y disper-
sa por el aire sus pedazos. El tambor arroja la caja y se pone
de rodillas; la mujer tira el fusil, llorando a gritos.)

Sargento   Aquí tienen ustedes lo que era el gran Gigante,
                  ese coloso que nos ha traído en idas y venidas
                  por espacio de tres años. (Al Tambor.) ¿Y el ejér-
                  cito de ustedes?

Tambor   Aquí está, señor.

Sargento   ¿Dónde?

Tambor   Aquí señor; somos nosotros, mi mujer y yo.

Sargento   ¿Usted sería el general?

Tambor   No, señor: yo era la vanguardia.

Sargento   ¿Y su mujer?

Tambor   La reserva.

Sargento   Buen pajarraco se reservaba usted.

Todos   ¡Viva el Libertador de la República, el glorioso
                  sargento Peñálvez!

Sargento   No, señores yo no soy grande ni glorioso,
                  porque ninguna gloria hay en ser vencedor de
                  gigantes de paja. Yo he tenido el buen sentido
                  del pueblo, y el valor insignificante de ejecutar
                  una operación que se dejaba comprender de
                  todo el mundo. Si los generales y hombres de es-
                  tado que nos han dirigido hasta aquí, hubiesen
                  comprendido lo que comprendía la generalidad
                  más común, hace mucho tiempo que habríamos
                  llegado al término de nuestras fatigas. ¡Com-
                  pañeros! La patria ha sido libertada, sin que
                  hayan intervenido libertadores. Saludad las re-
                  voluciones anónimas: ¡ellas son los verdaderos
                  triunfos de la libertad!

Telón

Libros a la carta

A la carta es un servicio especializado para
empresas,
librerías,
bibliotecas,
editoriales
y centros de enseñanza;
y permite confeccionar libros que, por su formato y concepción, sirven a los propósitos más específicos de estas instituciones.

Las empresas nos encargan ediciones personalizadas para marketing editorial o para regalos institucionales. Y los interesados solicitan, a título personal, ediciones antiguas, o no disponibles en el mercado; y las acompañan con notas y comentarios críticos.

Las ediciones tienen como apoyo un libro de estilo con todo tipo de referencias sobre los criterios de tratamiento tipográfico aplicados a nuestros libros que puede ser consultado en Linkgua-ediciones.com.

Linkgua edita por encargo diferentes versiones de una misma obra con distintos tratamientos ortotipográficos (actualizaciones de carácter divulgativo de un clásico, o versiones estrictamente fieles a la edición original de referencia).

Este servicio de ediciones a la carta le permitirá, si usted se dedica a la enseñanza, tener una forma de hacer pública su interpretación de un texto y, sobre una versión digitalizada «base», usted podrá introducir interpretaciones del texto fuente. Es un tópico que los profesores denuncien en clase los desmanes de una edición, o vayan comentando errores de interpretación de un texto y esta es una solución útil a esa necesidad del mundo académico.

Asimismo publicamos de manera sistemática, en un mismo catálogo, tesis doctorales y actas de congresos académicos, que son distribuidas a través de nuestra Web.

El servicio de «libros a la carta» funciona de dos formas.

1. Tenemos un fondo de libros digitalizados que usted puede personalizar en tiradas de al menos cinco ejemplares. Estas personalizaciones pueden ser de todo tipo: añadir notas de clase para uso de un grupo de estudiantes, introducir logos corporativos para uso con fines de marketing empresarial, etc. etc.

2. Buscamos libros descatalogados de otras editoriales y los reeditamos en tiradas cortas a petición de un cliente.

www.ingramcontent.com/pod-product-compliance
Lightning Source LLC
La Vergne TN
LVHW041440170726
843492LV00008B/2711